A ESCADA PARA O TRIUNFO

NAPOLEON HILL

DIAMANTE DE BOLSO

Título original: *The Magic Ladder to Success*

A escada para o triunfo - Versão de bolso
8ª edição: Maio 2025

O conteúdo desta obra é de total responsabilidade do autor e não reflete necessariamente a opinião da editora.

Autor:
Napoleon Hill

Tradução:
Fernanda Junges

Edição e preparação de texto:
Lúcia Brito

Revisão:
3GB Consulting

Projeto gráfico:
Dharana Rivas

Impressão:
Plena Print

DADOS INTERNACIONAIS DE CATALOGAÇÃO NA PUBLICAÇÃO (CIP)

H647e Hill, Napoleon.

A escada para o triunfo / Napoleon Hill. – Porto Alegre: CDG, 2019.

ISBN: 978-65-5047-017-3

1. Desenvolvimento pessoal. 2. Motivação. 3. Sucesso pessoal. 4. Autoajuda. 5. Psicologia aplicada. I. Título.

CDD - 131.3

Produção editorial e distribuição:

CITADEL
Grupo Editorial

contato@citadel.com.br
www.citadel.com.br

Diamante de Bolso

A coleção Diamante de Bolso apresenta os clássicos de Napoleon Hill em versão concisa. Os títulos do catálogo da Citadel Editora foram cuidadosamente lapidados para oferecer facetas cintilantes da obra original.

Este diamante é uma pequena gema para estimular a leitura do livro na íntegra. Uma joia para acompanhar o leitor no dia a dia, como lembrete ou fonte de inspiração.

Aproveite!

DIGA AO MUNDO

O QUE VOCÊ SABE FAZER,

MAS PRIMEIRO MOSTRE

PREFÁCIO

Eu tinha 14 anos de idade quando li Napoleon Hill pela primeira vez. Foi uma revelação, cujo impacto transformador reverbera em mim desde então. Passei a pensar no futuro com esperança em vez de medo, o que me proporcionou uma força interior extraordinária e a motivação para, como Hill, superar as adversidades impostas pela pobreza e construir uma sólida e bem-sucedida carreira profissional.

Uma coisa que sempre me chamou a atenção é o fato de Hill usar o símbolo da escada para se referir à ascensão social, empresarial e espiritual. Em *O manuscrito original – As leis do triunfo e do sucesso de Napoleon Hill*, ele conta que estava em um restaurante em Dallas, no Texas, durante uma turnê de palestras pelos Estados Unidos, observando a chuva escorrer pela vidraça. Os pingos d'água formavam linhas verticais e horizontais que o fizeram pensar em uma escada. Não uma escada comum, mas a escada para o triunfo. Essa imagem amadureceria como os princípios da Lei do Sucesso.

O livro que você tem em mãos é um dos frutos daquele *insight* de Napoleon Hill em meados da década de 1920. *A escada para o triunfo* apresenta os princípios da Lei do Sucesso de forma sucinta, como um manual. Leia, estude, coloque os ensinamentos em prática e galgue a escada oferecida por Hill.

Boa leitura e sucesso!

Jamil Albuquerque,
Presidente do Grupo MasterMind
Treinamentos de Alta Performance

SUMÁRIO

Declaração do autor 9

Como ler este livro 13

Os 17 fatores da Lei do Sucesso 17

Lição 1. MasterMind 19

Lição 2. Objetivo principal definido 59

Lição 3. Autoconfiança 65

Lição 4. Hábito de economizar 71

Lição 5. Iniciativa e liderança 77

Lição 6. Imaginação 83

Lição 7. Entusiasmo 89

Lição 8. Autocontrole 93

Lição 9. Fazer mais do que é pago para fazer 97

Lição 10. Personalidade agradável 101
Lição 11. Pensamento preciso 105
Lição 12. Concentração 109
Lição 13. Cooperação 113
Lição 14. Lucrar com o fracasso 117
Lição 15. Tolerância 121
Lição 16. Regra de Ouro 125
Lição 17. Hábito da saúde 129
As 30 causas mais comuns do fracasso 133

DECLARAÇÃO DO AUTOR

Estive envolvido na escrita deste livro durante quase um quarto de século. A tarefa não poderia ter sido executada em menos tempo por diversos motivos, entre eles o fato de que precisei entender, ao longo de anos de pesquisa, o que outros homens descobriram a respeito das causas do fracasso e do sucesso. Outra razão importante foi acreditar que era necessário provar que a filosofia da Lei do Sucesso funcionava para mim antes de oferecê-la a outros.

Nasci em meio ao analfabetismo e à pobreza. As três gerações que me precederam em ambos os lados da família se contentaram em viver nessas condições, e eu teria seguido os mesmos passos se minha madrasta não tivesse plantado em mim a semente do desejo de superar os obstáculos. Minha madrasta fez um comentário ao qual pode ser atribuída a origem do meu trabalho, que resultou na conclusão da filosofia da Lei do Sucesso descrita neste livro.

Minha madrasta era uma mulher educada, de uma família com muita bagagem cultural. A pobreza e o analfabetismo a irritavam, e ela não hesitava em afirmar isso. Assumiu a tarefa de plantar ambição em nossa família, iniciando por meu pai, a quem mandou para a faculdade aos 40 anos de idade, enquanto ela gerenciava o que poderíamos chamar de "fazenda" e uma pequena loja que pertenciam à família, sem mencionar a assistência a cinco crianças – os três filhos dela, mais meu irmão e eu.

Seu exemplo causou um forte e duradouro efeito em mim. Por sua causa, formei minha primeira impressão sobre o valor de um objetivo principal definido; mais tarde essa impressão se tornou tão óbvia e essencial como um dos fatores de sucesso que a coloquei em segundo lugar na lista dos dezessete princípios descritos neste livro.

Menciono esse fato por um motivo que acredito ser muito importante: a diferença entre sucesso e fracasso é muitas vezes (se não sempre) determinada por certas influências ambientais que geralmente podem ser atribuídas a uma pessoa. No meu caso, a pessoa foi minha madrasta. Não fosse a influência dela, eu nunca teria escrito a filosofia que atualmente presta serviço útil a dezenas de milhares de pessoas pelo planeta.

Parece digno mencionar também que não prosperei muito até me preocupar em propagar a filosofia da Lei do Sucesso onde ela ajudaria outras pessoas a acumular dinheiro.

SUCESSO E PODER
ANDAM JUNTOS.
PODER É O CONHECIMENTO
ORGANIZADO E UTILIZADO
COM AÇÃO INTELIGENTE

COMO LER ESTE LIVRO

Este livro apresenta de forma condensada os dezessete fatores a partir dos quais a Lei do Sucesso evoluiu. Essa filosofia representa tudo que os homens mais bem-sucedidos que já viveram aprenderam sobre a obtenção de sucesso em praticamente todos os tipos de empreendimento.

A experiência com dezenas de milhares de pessoas que participaram das palestras do autor da Lei do Sucesso e com as milhares de pessoas que leram os oito textos didáticos nos quais essa filosofia foi originalmente apresentada trouxe à tona o fato de que ela estimula a mente e gera muitas ideias. Enquanto ler este livro, você observará, assim como milhares de outros, o surgimento de ideias em sua mente. Capture-as com a ajuda de um bloco de notas e um lápis, já que podem levá-lo a alcançar seu cobiçado objetivo de vida.

O valor deste livro está não apenas em suas páginas, mas também na reação que você terá ao lê-las. Qualquer cérebro capaz de ter novas ideias em abundância é capaz também de deter grande poder. O objetivo principal da Lei do Sucesso é estimular as faculdades imaginativas do cérebro para que criem facilmente novas e úteis ideias para qualquer emergência na vida.

Leia este livro com um lápis na mão. Sublinhe as afirmações que fazem com que novas ideias apareçam em sua mente. Esse método servirá para fixar o conteúdo de modo permanente na memória.

Você não conseguirá assimilar todo o tema dessa filosofia em uma única leitura. Leia muitas vezes e adquira o hábito de destacar as linhas que provoquem novas ideias a cada leitura.

Esse procedimento revelará um dos maiores mistérios da mente humana, apresentando-o a uma fonte de conhecimento que não pode ser descrita adequadamente por ninguém, a não ser por aqueles que a descobriram por si. Essa afirmação contém uma dica sobre a natureza do segredo que a Lei do Sucesso entregou a muitos de seus estudantes mundo afora. Ninguém jamais poderá saber qual é o segredo exceto pelo método aqui descrito.

A LEI DO SUCESSO

É UM FERTILIZADOR

DE MENTES E FUNCIONA

COMO UM ÍMÃ QUE ATRAI

IDEIAS BRILHANTES

OS 17 FATORES DA LEI DO SUCESSO

Primeiro, vamos definir sucesso como "poder com o qual uma pessoa pode conquistar tudo o que deseja sem violar o direito de outros". Os fatores pelos quais tal poder pode ser conquistado e usado em harmonia com a definição acima são dezessete:

- MasterMind
- Objetivo principal definido
- Autoconfiança
- Hábito de economizar
- Imaginação
- Iniciativa e liderança
- Entusiasmo

- Autocontrole
- Fazer mais do que é pago para fazer
- Personalidade agradável
- Pensamento preciso
- Cooperação
- Concentração
- Lucrar com o fracasso
- Tolerância
- Regra de Ouro
- Hábito da saúde

O propósito deste livro é descrever como aplicar os dezessete princípios do sucesso a fim de adquirir poder pessoal suficiente para utilizar em qualquer situação e para a solução de todos os problemas econômicos. Vamos começar a análise de cada um dos dezessete princípios.

LIÇÃO I

MASTERMIND

MasterMind pode ser definido como "a mente composta por duas ou mais mentes trabalhando em harmonia e com um objetivo definido em vista". Todo sucesso é obtido mediante a aplicação de poder. Duas ou mais mentes trabalhando em perfeita harmonia e coordenação geram poder em abundância.

O ponto de partida de todas as conquistas é o desejo. De grandes desejos brota a força que nutre a esperança e a coragem, a motivação para traçar planos e colocá-los em ação na busca do objetivo definido. Uma pessoa pode ter o que quiser dentro de limites razoáveis desde que o desejo seja forte o bastante.

Qualquer um que seja capaz de estimular a mente a um estado de desejo é também capaz de conquistas acima da média na busca desse desejo. Você precisa lembrar que *esperar* algo não é o mesmo que *desejar* com tamanha intensidade que desse desejo cresçam forças impulsoras que levem a fazer planos e colocar tais planos em prática. Esperar é apenas uma forma passiva de desejar. A maioria das pessoas nunca ultrapassa o estágio do esperar.

Há oito forças (desejos) que são o ponto de partida das conquistas notórias:

- Autopreservação;
- Contato sexual;
- Ganhos financeiros;
- Vida após a morte;
- Fama e poder;
- Amor (diferente de impulso sexual);
- Vingança (em mentes menos desenvolvidas);
- Satisfação do ego.

Todo indivíduo empenha grande força quando encorajado por um ou mais motivos básicos. As forças imaginativas são incitadas pelo estímulo de um motivo definido.

Os mestres em venda descobriram que a a arte de vender baseia-se no apelo a um ou mais dos motivos básicos. O que é a arte de vender? É a apresentação de uma ideia, plano ou sugestão que dá ao comprador potencial um forte motivo para realizar a compra. O vendedor habilidoso nunca pede ao comprador que efetue a aquisição sem apresentar um motivo bem definido pelo qual a compra deva ser feita.

O conhecimento da mercadoria ou do serviço oferecido não basta para formar um mestre em vendas. A oferta deve ser acompanhada por uma minuciosa descrição do motivo para a aquisição. O plano de vendas mais efetivo é aquele que apela ao maior número dos oito motivos básicos e os transforma em um desejo ardente pelo objeto oferecido.

Os oito motivos básicos não servem apenas como apelo a outras mentes quando a ação cooperativa é solicitada; servem também como ponto de partida da ação na mente do indivíduo. Homens de capacidade comum tornam-se super-homens quando provocados por um estímulo interno ou externo que mobiliza um ou mais dos oito motivos básicos.

- Coloque um indivíduo face a face com a possibilidade de morrer, em uma emergência repentina, e ele desenvolverá força física e estratégia imaginativa das quais não seria capaz sob a influência de um motivo menos urgente.
- Guiados pelo desejo sexual, os homens criam planos, utilizam estratégias, desenvolvem a imaginação e entram em ação de mil maneiras das quais não seriam capazes sem o potente impulso gerado por esse desejo.
- O desejo de ganho financeiro muitas vezes eleva pessoas de capacidade medíocre a posições de

grande poder, pois esse desejo as leva a planejar, desenvolver a imaginação e entrar em ação de maneira que não fariam não fosse pelo motivo de amealhar riqueza.

- O desejo de fama e de poder pessoal é facilmente perceptível como a principal força motivadora na vida de grandes líderes em todos os setores.
- O animalesco desejo de vingança costuma levar homens a elaborar os mais intrincados e geniais planos para atingir seus objetivos.
- O amor por outrem é um estimulante mental que leva a níveis quase inacreditáveis de realização.
- O desejo de vida após a morte é um motivador tão forte que não apenas leva os seres humanos aos extremos construtivo e destrutivo na busca dessa perpetuação, como também ao desenvolvimento de habilidades de liderança altamente eficazes, evidentes na vida de praticamente todos os fundadores de religiões.

Milhões de pessoas lutam todos os dias de suas vidas apenas para suprir as necessidades básicas de alimento, moradia e vestuário. De vez em quando um homem sai das fileiras desse grande exército e exige de si e do mundo mais do que um ganha-pão. Ele motiva a si mesmo com um forte desejo de fortuna, e, como em um passe de mágica, sua situação financeira muda, e ele começa a transformar suas ações em dinheiro.

Poder e sucesso são sinônimos. O sucesso não é alcançado apenas com honestidade, como alguns nos fizeram acreditar. Os asilos estão cheios de pessoas que talvez fossem bem honestas. Elas falharam em acumular dinheiro porque lhes faltou o conhecimento de como adquirir e utilizar o poder.

O princípio do MasterMind é o meio pelo qual todo o poder pessoal é aplicado. Por essa razão, todos os estimulantes e motivos básicos que inspiram a ação humana foram mencionados neste capítulo.

Este autor provou, pelo menos para si mesmo, que o cérebro humano é uma estação transmissora e receptora de vibrações da frequência do pensamento.

Thomas Paine, filósofo e revolucionário, um dos Pais Fundadores dos Estados Unidos, assim descreveu a fonte de sua grande bagagem de conhecimento:

> Qualquer pessoa que tenha observado o progresso da mente humana observando a sua própria não pode deixar de ter percebido que existem dois tipos distintos do que chamamos de pensamento: aqueles que produzimos mediante a reflexão e o ato de pensar e aqueles que surgem por vontade própria. Sempre tive por regra tratar esses visitantes voluntários com civilidade, tendo o cuidado de examinar, tão bem quanto eu podia, se eram válidos. Foi deles que adquiri quase todo o conhecimento que tenho.

Quanto à aprendizagem que qualquer pessoa recebe na educação escolar, serve apenas como um

> pequeno capital inicial para colocá-la no caminho de começar a aprender por si mais tarde. Toda pessoa letrada é, no final das contas, sua própria professora, uma vez que princípios não podem ser gravados na memória por serem de qualidade distinta das circunstâncias. Eles residem na compreensão e nunca são tão duradouros como quando começam pela concepção.

Nas palavras acima, Paine relata um fenômeno que todas as pessoas experimentam em um momento ou outro. Quem nunca viu surgirem pensamentos e até ideias completas em sua mente a partir de fontes externas?

O vasto espaço entre sóis, luas, estrelas e planetas do universo é preenchido com uma forma de energia conhecida como éter. Que veículo existiria para os "visitantes voluntários" mencionados por Paine (os pensamentos que vêm de fora) além do éter que preenche o espaço e é o meio de transporte de todas as formas de vibração conhecidas, como som, luz e calor? Por que não seria também o éter o meio de transporte das vibrações do pensamento?

Cada mente ou cérebro está diretamente conectado a todos os outros cérebros por meio do éter. Cada pensamento emitido por um cérebro pode ser instantaneamente captado e interpretado por todos os outros cérebros que estejam em sintonia com o emissor.

É crença deste autor que cada vibração de pensamento emitida por um cérebro é captada pelo éter e mantida em movimento em um comprimento de onda correspondente à energia utilizada na sua liberação; essas vibrações permanecem em movimento para sempre, constituindo uma das duas fontes dos pensamentos que surgem em nossa mente; a outra fonte é o contato direto e imediato via éter com o cérebro que está liberando as vibrações do pensamento. Segundo essa teoria, o vazio infinito de todo o universo é e continuará sendo literalmente uma biblioteca onde podem ser encontrados todos os pensamentos liberados pela espécie humana.

É crença deste autor que a mente é formada pela mesma energia que constitui o éter que preenche o universo. Quando duas mentes se aproximam o suficiente uma da outra para estabelecer contato, a mistura das unidades de "material mental" estabelece uma reação química e desencadeia vibrações que afetam os dois indivíduos de forma agradável ou desagradável. Algumas mentes adaptam-se com tanta naturalidade uma à outra que o contato resulta em "amor à primeira vista". Quem nunca teve essa experiência? Em outros casos, as mentes são tão antagônicas que uma violenta antipatia aparece no primeiro encontro.

Esses resultados acontecem sem que sequer uma palavra seja dita e sem o menor sinal aparente de que tenha ocorrido alguma das causas habituais de amor ou ódio. Entre os extremos de antagonismo e afinidade existe uma ampla gama de reações.

Um MasterMind pode ser criado pela reunião ou mistura de duas ou mais mentes em espírito de perfeita harmonia. Dessa mistura harmoniosa, a química mental cria uma terceira mente que pode ser apropriada e usada por uma ou todas as mentes individuais.

O MasterMind continuará disponível enquanto a aliança harmoniosa e amigável entre as mentes individuais existir. Ele se desintegrará e qualquer evidência de sua existência desaparecerá no momento em que a aliança se quebrar.

Tão marcante é o efeito da química da mente humana que qualquer orador experiente pode interpretar rapidamente a maneira como suas afirmações são recebidas pela audiência. A oposição na mente de uma única pessoa entre um público de mil pode ser rapidamente detectada por um orador que aprendeu a captar e registrar os efeitos do antagonismo. Além disso, o orador pode fazer essas interpretações sem observar expressões faciais do público. Devido às reações da química mental, uma plateia pode fazer com que o orador atinja grandes alturas de eloquência ou provocar o seu fracasso sem emitir som ou demonstrar uma única expressão de satisfação ou reprovação pelos movimentos faciais.

Todos os mestres em venda sabem quando chega o momento psicológico para o fechamento do negócio, não pelo que o comprador potencial diz, mas pelo efeito de sua química mental, interpretada ou captada pelo vendedor. As palavras muitas vezes contradizem as intenções daquele que as pronuncia, e todos os vendedores experientes sabem que a maioria dos compradores tem o hábito de mostrar uma atitude negativa até quase o clímax da venda.

Uma pessoa abençoada com a arte de interpretar corretamente a química da mente alheia pode, figurativamente falando, entrar pela porta da frente da mansão de uma dada mente e explorar todo o edifício com calma, observar todos os detalhes e sair com uma imagem completa do interior do prédio sem o dono saber que acabou de entreter um visitante.

Este autor acredita que a condição normal ou natural da química de qualquer mente individual é o resultado da soma da sua herança física com a natureza dos pensamentos dominantes daquela mente. Toda mente está em processo contínuo de mudança, na medida em que a filosofia e os hábitos de pensamento gerais do indivíduo se modificam. Qualquer pessoa pode assumir uma atitude mental que atrai e agrada ou que afasta e antagoniza sem a ajuda de palavras, expressões faciais ou outras formas de movimento corporal ou comportamento.

Volte agora à definição de MasterMind – uma mente que surge da mistura e coordenação de duas ou mais mentes em um espírito de perfeita harmonia – e você entenderá o significado da palavra "harmonia" conforme utilizada aqui. Duas mentes não irão se combinar nem se coordenar a menos que o elemento da perfeita harmonia esteja presente, residindo aí o segredo do sucesso ou do fracasso de praticamente todas as parcerias empresariais e sociais.

Todo gerente de vendas, todo comandante militar e todo líder em qualquer outro setor da vida entende a necessidade de um *esprit de corps* — um espírito de entendimento comum e cooperação – na obtenção do sucesso. Esse espírito de harmonia de propósitos é obtido com disciplina, voluntária ou forçada, de tal natureza que a mente do indivíduo se incorpora ao MasterMind, o que quer dizer que a química das mentes individuais é modificada de tal maneira que estas se fundem e funcionam como uma só.

Cada líder tem um método próprio de coordenar as mentes dos seguidores. Alguns utilizam a força; outros, a persuasão. Alguns jogam com o medo de penalidades; outros, com a possibilidade de recompensas. O leitor não precisará pesquisar a fundo na história da política, dos negócios ou das finanças para descobrir as técnicas utilizadas pelos líderes desses setores para fundir as mentes de indivíduos em uma mente coletiva.

Os maiores líderes do mundo, porém, são dotados de uma química mental que age como um núcleo de atração para outras mentes. Napoleão é um exemplo notável de mente magnética. Os soldados seguiram Napoleão para a morte certa sem hesitar por causa da natureza motriz de sua personalidade, resultado da química de sua mente.

Nenhum grupo de mentes pode se fundir em um MasterMind se um dos indivíduos tiver uma mente extremamente negativa e repelente. Mentes negativas e positivas não se unem no sentido aqui descrito como MasterMind. Qualquer líder que entenda o princípio da química mental pode unir temporariamente as mentes de quase qualquer grupo de pessoas em uma mente coletiva, mas a composição se desintegrará quase no mesmo instante em que o líder não estiver mais presente.

É evidente que a química mental pode ser utilizada no dia a dia do mundo econômico e comercial. Mediante a fusão de duas ou mais mentes em um espírito de perfeita harmonia, a química mental pode gerar poder suficiente para capacitar os indivíduos a realizar feitos supostamente sobre-humanos. Poder é a força com que o homem alcança o sucesso em qualquer empreendimento. Poder em quantidade ilimitada pode ser desfrutado por qualquer grupo de homens e mulheres que tenham a sabedoria de submeter suas personalidades e interesses individuais imediatos à fusão de suas mentes em um espírito de perfeita harmonia.

Observe a frequência com que a palavra "harmonia" aparece ao longo deste capítulo. Não pode haver

MasterMind sem perfeita harmonia. As unidades mentais individuais não se fundirão até que as mentes tenham sido estimuladas e aquecidas pela perfeita harmonia de interesses. No momento em que duas mentes começam a divergir, as unidades individuais se separam, e o terceiro elemento, conhecido como MasterMind, se desintegra.

Um MasterMind pode ser criado por qualquer grupo de pessoas que coordenem suas mentes em espírito de perfeita harmonia. O grupo pode ser formado por qualquer número a partir de dois. Os resultados parecem ser melhores a partir da união de seis ou sete mentes.

Foi sugerido que Jesus Cristo descobriu como fazer uso da química mental e que suas atividades aparentemente milagrosas surgiram do poder que desenvolveu mediante a fusão da mente de seus doze discípulos. Foi observado que, quando um dos discípulos (Judas Iscariotes) quebrou a fé, o

MasterMind se desintegrou imediatamente e Jesus encontrou a suprema catástrofe de sua vida.

Quando duas ou mais pessoas harmonizam suas mentes em um MasterMind, cada integrante do grupo adquire o poder de contatar a mente subconsciente de todos os outros participantes e dela recolher conhecimento. Esse poder se torna imediatamente perceptível, estimulando a mente a uma taxa mais elevada de vibração, evidenciada na forma de uma imaginação mais vívida e de uma consciência que parece um sexto sentido. É por meio do sexto sentido que novas ideias lampejam na mente.

Se o grupo se reuniu com o objetivo de discutir determinado assunto, ideias relacionadas ao tema vão jorrar na mente dos participantes, como se uma influência externa as ditasse. As mentes dos que participam do MasterMind se tornam como ímãs, atraindo ideias e estímulos da mais organizada e prática natureza – de onde não se sabe!

O cérebro do ser humano pode ser comparado a uma bateria elétrica no sentido de que se esgota ou enfraquece, deixando o indivíduo desanimado, desencorajado e sem pique. Quem nunca se sentiu assim? Nessa condição, o cérebro deve ser recarregado pelo contato com uma ou mais mentes vibrantes.

O MasterMind pode ser comparado ao ato de conectar muitas baterias elétricas a um único cabo de transmissão, multiplicando a força que passa por aquele cabo pela quantidade de energia que as baterias carregam. Cada mente do MasterMind estimula as demais até a energia se tornar tão grande que penetra e se conecta com a energia universal.

Todo orador sente a influência da química mental; é fato bem conhecido que, assim que as mentes individuais de uma plateia sintonizam-se com vibração de um orador, ocorre um notável aumento do entusiasmo em sua oratória. Os primeiros cinco a dez minutos de um discurso costumam ser dedicados ao aquecimento; nesse período as mentes do orador e da plateia fundem-se em espírito de perfeita harmonia. Todos sabem o que acontece quando a harmonia falha em se materializar em parte do público.

Os fenômenos aparentemente sobrenaturais que ocorrem em sessões espíritas são o resultado da reação das mentes do grupo umas nas outras. Tais fenômenos raras vezes começam a se manifestar antes de dez ou vinte minutos de formação do grupo, porque esse é o tempo médio requerido para que as mentes do grupo se harmonizem e se fundam. As mensagens recebidas pelos membros das sessões espíritas provavelmente vêm de uma das seguintes duas fontes, ou de ambas:

- Do vasto depósito da mente subconsciente de algum dos membros do grupo;
- Do depósito universal do éter, no qual é mais do que provável que todas as vibrações de pensamento estejam preservadas.

Nenhuma lei natural conhecida nem a razão humana apoiam a teoria da comunicação com indivíduos que já faleceram.

Qualquer indivíduo pode explorar o depósito de conhecimento na mente de outra pessoa segundo o princípio da química mental, e parece razoável supor que esse poder possa ser estendido ao contato com quaisquer vibrações que estejam disponíveis no éter, se houver alguma. A teoria de que as vibrações do pensamento ficam preservadas no éter decorre do fato de que nem a matéria nem a energia (os dois elementos conhecidos do universo) podem ser criadas ou destruídas.

Todos os chamados gênios provavelmente adquiriram tal reputação porque de alguma forma criaram alianças com outras mentes que os capacitaram a aumentar suas vibrações mentais até terem acesso ao vasto conhecimento registrado e arquivado no éter do universo. Onde quer que se encontre um sucesso impressionante no mundo dos negócios, finanças, indústrias ou em qualquer profissão, pode-se ter certeza de que ali houve um indivíduo que aplicou o princípio da química mental com o qual um MasterMind foi criado. Esses sucessos muitas vezes parecem trabalho de uma só pessoa, mas olhe mais de perto e você encontrará outros indivíduos cujas mentes foram coordenadas com a dele.

O poder humano é o conhecimento organizado e manifestado por meio da ação inteligente. Nenhum esforço pode ser dito organizado a menos que os envolvidos coordenem seu conhecimento e energia em um espírito de perfeita harmonia. A falta de coordenação harmoniosa é a principal causa de praticamente todos os fracassos empresariais. Uma das tarefas mais difíceis para qualquer homem de negócios é induzir seus associados a coordenar esforços em espírito de harmonia e garantir a cooperação contínua de todos.

Não se deve presumir que um MasterMind vá florescer instantaneamente a partir de qualquer grupo com a pretensão de fundir-se em espírito de harmonia. Harmonia, no real sentido da palavra, é tão rara em um grupo de pessoas quanto o cristianismo genuíno entre aqueles que se declaram cristãos.

Chame de psicologia, química mental ou como quiser (tudo se baseia no mesmo princípio), não há nada mais certo de que, onde quer que um grupo de mentes seja colocado em contato em um espírito de perfeita harmonia, cada mente é suplementada e reforçada pela energia chamada de MasterMind.

O cérebro e o sistema nervoso humano constituem uma máquina complexa. Controlada e devidamente orientada, essa máquina pode realizar maravilhas; sem controle, produz assombros, como se pode observar nos internos de um manicômio.

O cérebro humano tem conexão com um fluxo contínuo de energia de onde deriva o poder de pensar. O cérebro recebe essa energia, a mistura com a energia criada pelo alimento ingerido e a distribui para todo o organismo através do sangue e do sistema nervoso. Isso se torna o que chamamos de vida. Ninguém parece saber de onde vem essa fonte de energia; sabemos que precisamos dela. Parece razoável presumir que seja o éter que flui para dentro do corpo com o ar que respiramos.

Todo corpo humano tem um laboratório e um estoque de elementos químicos para produzir a ruptura, assimilação, mistura e combinação do alimento que ingerimos. Amplos testes provaram que a energia da mente desempenha papel importante na operação química de transformar alimentos nas substâncias necessárias para construir e reparar o corpo. Preocupação, agitação ou medo interferem no processo digestivo. Em casos extremos, podem parar o processo por completo, resultando em doença ou mesmo morte.

Autoridades eminentes acreditam que a energia conhecida como pensamento pode ser contaminada com unidades negativas ou "antissociais", causando transtornos no sistema nervoso. Dificuldades financeiras e amores não correspondidos encabeçam a lista das causas de tais perturbações mentais.

Um ambiente negativo, como o existente em uma família na qual um membro está constantemente irritado, irá interferir com a química da mente a tal ponto que os indivíduos perderão a ambição e gradualmente afundarão na letargia. Esse fato explica o velho ditado de que uma esposa pode tanto construir quanto destruir o marido.

A boa saúde depende em parte de uma combinação de alimentos harmoniosa. Mas deve haver também harmonia entre as unidades de energia conhecidas como mente. A vida começa a se desintegrar e a morte se aproxima quando os órgãos do corpo deixam de trabalhar em harmonia.

A harmonia é também o núcleo em torno do qual o MasterMind desenvolve sua potência. Destrua a harmonia e você destruirá o poder que surge do esforço coordenado de um grupo de mentes individuais.

O sucesso na vida – não importando o que se chame de sucesso – é em grande parte uma questão de adaptação ao ambiente, de maneira que haja harmonia entre o indivíduo e seu meio. O palácio de um rei torna-se um casebre de camponês se a harmonia não é abundante dentro de suas paredes. Por outro lado, a cabana de um camponês pode produzir mais felicidade do que a mansão de um homem rico, se a primeira tiver harmonia e a segunda não.

No momento em que a discórdia se esgueira pela porta da frente, a harmonia escapa pela porta dos fundos. Se o leitor considera excessiva essa ênfase na harmonia, convém lembrar que falta de harmonia é a primeira, e muitas vezes a única, causa do fracasso.

Não pode haver poesia, música ou oratória dignas de nota sem a presença da harmonia. Boa arquitetura é em grande parte uma questão de harmonia. Sem harmonia, uma casa não é senão uma massa de material, mais ou menos uma monstruosidade. A gestão de negócios sólidos fundamenta sua existência na harmonia. Toda pessoa bem-vestida é um exemplo de harmonia em movimento.

Com todos esses exemplos cotidianos do importante papel que a harmonia desempenha nas questões do mundo, ou melhor, na operação de todo o universo, como poderia qualquer pessoa inteligente deixar a harmonia de fora do seu objetivo definido de vida? Não há como ter objetivo definido quando se omite a harmonia como alicerce.

O corpo humano é uma organização complexa de órgãos, glândulas, vasos sanguíneos, nervos, células cerebrais, músculos, etc. A energia mental que impulsiona a ação e coordena os esforços das partes do corpo é uma pluralidade de energias sempre variando e intercalando-se. Há uma luta contínua do nascimento à morte, assumindo a natureza de combate aberto entre as forças da mente. A luta ao longo da vida entre as forças e desejos da mente humana, decorrente dos impulsos de certo e errado, é bem conhecida.

Uma das tarefas mais delicadas do homem é harmonizar as forças mentais para que possam ser organizadas e dirigidas para a realização ordenada de determinado objetivo. Sem o elemento de harmonia nenhum indivíduo pode se tornar um pensador preciso.

Cada ser humano tem forças difíceis de harmonizar em si, mesmo quando colocado em ambiente favorável à harmonia. Se a química mental do indivíduo é tal que as unidades da mente não podem ser facilmente harmonizadas, pense no quão difícil deve ser harmonizar um grupo de mentes para que funcionem como uma só, de modo organizado, no que é conhecido como MasterMind. Não é de admirar que os líderes de grandes empresas achem difícil organizar grupos que funcionem sem atrito na realização de determinado objetivo.

O líder que desenvolve e direciona com sucesso as energias de um MasterMind tem tato, paciência, persistência, autoconfiança e conhecimento íntimo da química mental. O líder hábil adapta-se a novas circunstâncias surgidas de repente sem demonstrar o menor sinal de aborrecimento ou descontrole, mantendo equilíbrio e harmonia perfeitos; é como um camaleão, mudando as cores de sua mente de acordo com os acontecimentos. O líder bem-sucedido compreende as dezessete Leis do Sucesso e é capaz de pôr em prática qualquer combinação dessas leis sempre que a ocasião exigir. Sem essas habilidades nenhum líder pode ser poderoso; sem poder, nenhum líder pode durar por muito tempo.

O impulso sexual é de longe a mais poderosa das oito forças motivadoras básicas que estimulam a mente à ação; é a forma de emoção humana mais elevada e refinada, aumenta a taxa de vibração da mente como nenhuma outra emoção e faz com que as faculdades imaginativas do cérebro funcionem como as de um gênio. Devido à importância, esse será o tema final deste capítulo.

Longe de ser algo de que se envergonhar, a natureza altamente sexuada é uma bênção da qual uma pessoa deve sentir-se orgulhosa e pela qual não deve se desculpar. Durante os primeiros anos de investigação, quando essa filosofia estava em fase embrionária, o autor descobriu que todo grande líder na arte, na música, na literatura, na política e em praticamente todas as outras esferas da vida é uma pessoa altamente sexuada.

Todavia, ser altamente sexuado não é o suficiente por si só para produzir um gênio. Apenas aqueles que entendem a natureza do desejo sexual e que sabem como transmutar essa emoção poderosa dentro de canais de ação diferentes do contato sexual elevam-se à condição de gênio.

O impulso do sexo é uma força motriz em relação à qual todas as outras forças motivadoras ficam em segundo lugar na melhor das hipóteses. A mente despertada por desejo sexual intenso torna-se receptiva a ideias que lampejam de fontes externas por meio do que normalmente chamamos de inspiração.

É crença deste autor – não sem consideráveis evidências para apoiá-la – que todas as ditas "revelações" de qualquer natureza, da religião à arte, são induzidas pelo intenso desejo de contato sexual. Todas as pessoas de personalidade magnética são altamente sexuadas. Pessoas brilhantes, encantadoras, versáteis e talentosas costumam ser altamente sexuadas. Prove isso a si mesmo, analisando aqueles que você sabe que são altamente sexuados.

Destrua a capacidade de ter um forte desejo sexual e você terá removido tudo o que é poderoso em um ser humano. Se quiser a prova disso, observe o que acontece com um vigoroso garanhão ou qualquer outro animal do sexo masculino, como um touro ou porco, depois de castrado. No momento em que o impulso sexual é destruído em qualquer animal, do homem até as mais baixas formas de vida, a capacidade de ação dominante é destruída com ele.

O contato sexual tem um valor terapêutico não encontrado em nenhuma outra emoção humana. Esse fato pode ser facilmente verificado até mesmo pelo estudo mais casual do assunto, observando o estado relaxado e calmo do corpo após o contato sexual entre duas pessoas adequadamente equilibradas.

O relaxamento induzido pelo contato sexual proporciona ao sistema nervoso uma oportunidade muito favorável para equilibrar e distribuir energia para todos os órgãos. Energia nervosa bem distribuída é o que mantém um corpo saudável e o agente que elimina a causa de todas as doenças físicas.

Foi bastante significativa para este autor a descoberta de que praticamente todo grande líder a quem teve o privilégio de estudar de perto era um homem cujas conquistas foram em grande parte inspiradas por uma mulher. Em muitos casos, a mulher era uma modesta esposa de quem o público mal ouviu falar. Em poucos casos, a fonte de inspiração foi "a outra". Um grande e duradouro amor é motivo suficiente para conduzir até mesmo um homem medíocre a realizações inacreditáveis.

O impulso sexual é o agente mais eficaz pelo qual a mente pode ser intensificada para atuar em um MasterMind. Tendo em vista que todas as grandes conquistas são o resultado de algum estímulo que intensifica a taxa de vibração da mente, os estimulantes são listados a seguir no que o autor acredita ser a ordem de importância:

- Contato sexual entre duas pessoas motivadas por um genuíno sentimento de amor;
- Amor, não necessariamente acompanhado por contato sexual;
- Desejo ardente de fama, poder e ganho financeiro;
- Música (um poderoso estimulante para pessoas altamente emocionais);
- Amizade entre pessoas do mesmo sexo ou do sexo oposto, acompanhada de um desejo mútuo de ser útil em determinada tarefa;
- MasterMind entre duas ou mais pessoas aliadas mentalmente com o propósito de ajuda mútua em espírito altruísta;
- Sofrimento mútuo, como aquele vivido por pessoas injustamente perseguidas por diferenças de opinião em questões raciais, religiosas e econômicas;
- Autossugestão, por meio da qual um indivíduo pode estimular a própria mente de forma constante

para um propósito definido. (Talvez essa fonte de estimulação mental devesse ser colocada mais perto do topo da lista.)

- Sugestão. A influência externa pode levar a altos níveis de realização ou, caso negativa, para o poço sem fundo do fracasso e da destruição.
- Narcóticos e álcool. Essa fonte de estímulo mental é totalmente destrutiva e no fim conduz à negação de todas as outras nove.

Estimulante mental é qualquer influência que eleva a taxa de vibração do cérebro de forma temporária ou permanente. Aqui você teve uma breve descrição das principais fontes de estímulo mental, com as quais pode-se comungar temporariamente com a Inteligência Infinita, procedimento que constitui tudo o que há de genial.

A afirmação anterior é definitiva e simples. É pegar ou largar, como você preferir. O autor respalda a declaração no privilégio de ter ajudado dezenas de homens e mulheres a sair da mediocridade e alcançar estados mentais que poderiam colocá-los na categoria de gênios. Alguns foram capazes de permanecer nesse estado exaltado, enquanto outros recaíram no antigo estado em caráter temporário ou permanente.

O uso de álcool e narcóticos como estimulante mental é condenado sem exceção, uma vez que acaba por destruir o funcionamento normal do cérebro. Embora seja verdade que alguns dos maiores gênios literários do passado tenham usado o álcool como estimulante com algum tipo de sucesso temporário, é igualmente verdade que a bebida em geral tornou-se um excesso que os destruiu.

Mesmo os outros nove estimulantes listados, embora de uso seguro, não podem ser utilizados em excesso. O contato sexual excessivo pode apresentar efeitos tão prejudiciais quanto os excessos de álcool ou narcóticos. Comer demais pode ser tão prejudicial quanto qualquer outra forma de excesso, e em muitos milhares de casos essa forma de indulgência destrói todas as possibilidades de grandes realizações.

A triste verdade é que a maioria das pessoas não vê o exagero na alimentação e no sexo como excessos perigosos que destroem suas chances de sucesso na vida. Não há o que discutir sobre os efeitos nocivos do uso excessivo de álcool e narcóticos, uma vez que todo mundo sabe que tal abuso é fatal para o sucesso, mas nem todo mundo sabe que os excessos no sexo e na alimentação podem ser tão desastrosos quanto. A propósito, os três principais excessos que estão destruindo pessoas em todo o mundo são exatamente os que se relacionam a alimentação, sexo e álcool/drogas. Esse trio é fatal para o sucesso.

Um dos dezessete fatores da Lei do Sucesso é o autocontrole. Como será visto, na filosofia da Lei do Sucesso o autocontrole serve de roda de equilíbrio para proteger o indivíduo contra excessos de qualquer natureza.

Para encerrar este capítulo, o autor gostaria de oferecer uma resposta àqueles que possam achar que até mesmo uma breve referência ao tema do sexo possa ser prejudicial a rapazes e moças. A resposta é a seguinte: a ignorância sobre sexo devido à falta de livre discussão por aqueles que realmente entendem do assunto resultou no uso destrutivo do impulso sexual ao longo dos séculos.

Além disso, se alguém considerar que a breve referência a sexo possa prejudicar a moral da juventude, que tal pessoa tenha em mente que a maioria dos jovens obtém educação sexual de fontes menos louváveis do que um livro como este. Tal "educação" é em geral acompanhada de interpretações do poder do sexo que de maneira alguma relacionam sexo e genialidade, tampouco sugerem a possibilidade da transmutação da energia sexual em obras de arte e literárias da mais louvável ordem, liderança e uma infinidade de outros frutos úteis e construtivos.

Esta é uma era de discussão franca dos grandes mistérios da vida, entre os quais o sexo pode ser corretamente classificado. Por fim, o impulso do sexo é de natureza biológica e não pode ser suprimido pelo silêncio.

Na verdade, a emoção do impulso sexual é a melhor de todas as emoções humanas, e a relação sexual é a mais bela de todas as relações. Por que então propagar a ideia de que o relacionamento sexual é algo feio e vulgar, tentando encobrir o assunto com pesado silêncio?

MASTERMIND É A UNIÃO
DE DUAS OU MAIS MENTES
EM PERFEITA HARMONIA.
DESSA COMBINAÇÃO SURGE
UMA TERCEIRA MENTE
QUE PODE SER ACESSADA
POR UMA OU TODAS
AS MENTES DO GRUPO

LIÇÃO 2

OBJETIVO PRINCIPAL DEFINIDO

Para ser bem-sucedido em qualquer empreendimento, você deve ter uma meta e planos definidos a alcançar. Nada que valha a pena é conseguido sem um plano definido. Sem colocar o objetivo principal definido no início das Leis do Sucesso, as dezesseis leis seguintes seriam inúteis.

Das mais de vinte mil pessoas de todos os campos de atividade analisadas pelo autor ao longo de muitos anos, 95% eram fracassadas, ou seja, mal ganhavam o suficiente para sobreviver, algumas delas nem isso.

As outras 5% eram bem-sucedidas, tinham "sucesso", o que significa que ganhavam o suficiente para as necessidades e reservavam algo para a independência financeira definitiva. É importante saber que as 5% bem-sucedidas tinham um objetivo principal definido e um plano para atingi-lo.

Quem está envolvido em vendas ou prestação de um serviço que exige métodos para lidar com clientes e fidelizá-los deve ter um plano definido para obter resultados. O plano deve ser distinto a ponto de impressionar os clientes. Qualquer um pode entregar mercadorias para quem vem pedi-las, mas nem todos desenvolvem a arte de entregar "algo mais" que faça o cliente retornar. É aqui que entra a necessidade de um objetivo e um plano definidos.

Hoje há postos de gasolina em todas as esquinas. A gasolina, o diesel e outros suprimentos são de boa qualidade na maioria desses postos. Mas há motoristas que se desviam de seu caminho ou retardam o abastecimento até o último minuto para comprar em seu posto favorito. O que os leva a fazer isso? As pessoas preferem os postos onde são atendidas por funcionários que as acolhem.

O que são "funcionários que as acolhem"? São uns poucos funcionários que criaram planos definidos para estudar e atender os motoristas de tal maneira que eles retornem. Gasolina e diesel bons não competem com o funcionário do posto compromissado em conhecer as pessoas e atendê-las de acordo com suas peculiaridades e características. Ele observa os pneus de cada automóvel e se oferece para calibrá-los. Se o para-brisa estiver sujo, ele o limpa. Ele impressiona o motorista. Tudo isso não é por acaso. Ele tem um plano e um objetivo definidos.

Vejamos o princípio psicológico que embasa a lei do objetivo principal definido. A mente humana é como um ímã que atrai as contrapartes dos pensamentos dominantes.

Se um homem estabelece como objetivo principal definido e propósito diário a conquista de cem novos clientes que comprarão regularmente sua mercadoria ou serviço, essa meta se torna a influência dominante em sua mente e o levará ao que for necessário para garantir os cem novos clientes. Fabricantes de bens estabelecem metas, determinando o número de unidades a serem vendidas. Todos os envolvidos na distribuição do produto dirigem seus esforços para ela. Raramente alguém deixa de alcançar metas estabelecidas; sem elas os resultados são escassos.

Os cientistas descobriram que qualquer homem pode atingir praticamente qualquer propósito que estabeleça na mente com um objetivo principal definido. O homem com um objetivo definido e plena fé em sua capacidade de alcançá-lo não pode ser permanentemente derrotado. Ele pode deparar com a derrota temporária, talvez muitas dessas derrotas, mas nunca com o fracasso.

O primeiro passo no caminho para o sucesso é saber para onde você está indo, como pretende viajar e quando pretende chegar lá, o que é apenas outra maneira de dizer que você deve determinar um objetivo principal definido. Esse objetivo, quando decidido, deve ser escrito de forma clara, de modo que possa ser entendido por qualquer outra pessoa. Se há algo nebuloso em seu objetivo, ele não é definido. Um homem que sabia o que estava dizendo certa vez afirmou que 90% do sucesso em qualquer empreendimento estava em saber o que se queria.

No momento em que você redige a declaração de sua meta principal, essa ação planta uma imagem firme da meta em sua mente subconsciente. Mediante um processo que os cientistas ainda não esclareceram, sua mente subconsciente utiliza essa meta principal como um modelo ou projeto que direciona a maioria de seus pensamentos, ideias e esforços para a realização do objetivo.

SE VOCÊ QUER CONQUISTAR
GRANDE SUCESSO,
PLANTE EM SUA MENTE
UM FORTE MOTIVO

LIÇÃO 3
AUTOCONFIANÇA

A terceira das dezessete Leis do Sucesso é a autoconfiança. O termo é autoexplicativo – para alcançar o sucesso, você deve acreditar em si. Ter autoconfiança não significa que você não tenha limitações, mas que deve fazer um inventário de si, descobrir quais as suas qualidades fortes e úteis e organizá-las em um plano para atingir o objetivo principal definido.

Em todos os idiomas do mundo, não há palavra que carregue o mesmo significado ou se aproxime do significado da palavra "fé". Se milagres acontecem, eles são realizados apenas com o auxílio de uma fé extraordinária.

A mente cética não é criativa. Não há um único registro de grande realização, em qualquer linha de atuação, que não tenha sido concebida na imaginação e trazida para a realidade por meio da fé.

Para ter sucesso, você deve ter fé na capacidade de fazer qualquer coisa que condicione sua mente a fazer. Além disso, deve cultivar o hábito da fé em seus associados, estejam eles acima ou abaixo de você em termos de posição de autoridade.

Céticos não são construtores. Se Cristóvão Colombo não tivesse autoconfiança e fé em seu julgamento, não teria descoberto a parte mais rica e gloriosa da Terra. Se George Washington e seus compatriotas de 1776 não tivessem autoconfiança, as tropas de Cornwallis teriam vencido e os Estados Unidos seriam governados de uma ilha a quase cinco mil quilômetros de distância.

Um objetivo principal definido é o ponto de partida de toda realização notável, mas autoconfiança é a força que persuade, conduz ou orienta até que o objetivo se torne realidade. Sem autoconfiança, as realizações do homem nunca iriam além do estágio de objetivo, e meros objetivos por si sós não valem nada. Muita gente tem objetivos vagos e não chega a lugar algum porque carece da autoconfiança para criar planos definidos a fim de alcançar esses objetivos.

O medo é o principal inimigo da autoconfiança. Seis medos básicos devem ser dominados antes de que se possa desenvolver autoconfiança suficiente para alcançar sucesso notável. São eles:

- Medo da crítica;
- Medo da doença;
- Medo da pobreza;
- Medo da velhice;
- Medo de perder o amor de alguém (em geral chamado de ciúme);
- Medo da morte.

Essencialmente os medos são adquiridos na infância, por aprendizado, histórias de fantasmas, discussões sobre o fogo do inferno e outras maneiras.

O medo da crítica é colocado no topo da lista por ser talvez o mais comum e um dos mais destrutivos. Conhecer o medo da crítica rende centenas de milhões de dólares para os fabricantes de vestuário e custa a mesma quantia aos tímidos, porque a maioria carece de personalidade ou coragem para usar roupas da temporada passada.

Antes de que possa desenvolver autoconfiança para superar os obstáculos que o separam do sucesso, você deverá fazer um inventário e descobrir os seis medos que estão em seu caminho. Em poucos dias de estudo e reflexão você identificará qual ou quais deles estão entre você e sua autoconfiança.

Os medos da doença, pobreza, velhice e morte são resultantes dos ensinamentos do passado, quando os homens foram instruídos a acreditar que a morte poderia trazer um mundo e uma vida mais horríveis do que esta na Terra. Os cientistas divergem quanto à medida em que tais medos possam ser transmitidos pela hereditariedade, mas todos concordam que a discussão desses assuntos na presença de crianças é suficiente para plantar o medo em seu subconsciente.

O medo de perder o amor de alguém (ciúme) é uma forma de insanidade, pois muitas vezes não tem a menor razão de ser. Esse medo provoca sofrimento, aborrecimento e fracassos indescritíveis. Entender a natureza desse medo e como alguém passa por ele é um passo na direção de seu domínio.

Os leitores dessa filosofia devem fazer certa quantidade de leitura paralela, selecionando biografias de homens que alcançaram sucesso extraordinário, pois é certo que isso revelará que tais homens depararam com praticamente todo tipo de derrota temporária e desenvolveram autoconfiança para capacitá-los a superar cada obstáculo.

O HOMEM QUE TEM
UM OBJETIVO E UM PLANO
PARA ALCANÇÁ-LO
JÁ PERCORREU
90% DO CAMINHO
EM DIREÇÃO AO SUCESSO

LIÇÃO 4

HÁBITO DE ECONOMIZAR

É embaraçoso admitir, mas a verdade é que uma pessoa assolada pela pobreza é menos do que o pó da terra quando se fala em termos de sucesso notável. Talvez seja verdade que dinheiro não é sucesso, mas, a menos que você o tenha ou possa comandar seu uso, não vai chegar muito longe, não importa qual seja o seu objetivo principal definido.

Da maneira como os negócios são conduzidos hoje – e como a civilização está –, o dinheiro é essencial para o sucesso, e não existe fórmula para a independência financeira que não esteja ligada à poupança regular e sistemática. Isso porque o hábito de poupar acrescenta algo às outras qualidades essenciais para o sucesso.

É improvável que uma pessoa possa desenvolver a maior autoconfiança possível sem a proteção e a independência que pertencem àqueles que economizam dinheiro.

Sem dinheiro o indivíduo fica à mercê de quem pretenda explorá-lo. Quem não economiza e não tem dinheiro oferece serviços a outro tendo de aceitar o que o comprador oferecer. As oportunidades de lucrar não têm proveito para quem não tem dinheiro nem crédito – e deve-se ter em mente que a obtenção de crédito em geral se baseia na quantidade de dinheiro que se tem.

Quando a filosofia da Lei do Sucesso foi criada, o hábito de economizar não foi incluído como uma das dezessete leis. O resultado foi que milhares de pessoas que experimentaram a filosofia reconheceram que ela os levou quase até a obtenção do seu objetivo, para então despedaçar suas esperanças.

Por anos o autor do curso e criador da filosofia procurou a razão pela qual a Lei do Sucesso não alcançava sua finalidade por um triz. Depois de muita investigação, enfim descobriu que faltava uma lei – a lei do hábito de economizar. Quando esta foi adicionada, os estudantes da filosofia da Lei do Sucesso começaram a prosperar sem exceção.

Sua renda é de pouca importância se você não economizar sistematicamente uma parte dela. Uma renda anual de US$ 10 mil não é melhor do que de US$ 2 mil a menos que uma parte seja poupada. De fato, uma renda anual de US$ 10 mil pode ser muito pior para um homem do que uma de US$ 2 mil se toda a quantia é gasta e dissipada, pois o ato de dissipação pode comprometer a saúde e destruir as chances de sucesso de outras maneiras.

Em um teste feito pelo autor da Lei do Sucesso, quinhentas pessoas receberam um esboço dos doze fundamentos responsáveis pela riqueza e sucesso de Henry Ford. O material destacava que o montante de dinheiro recolhido a cada ano durante a varredura do chão e retirada do lixo das fábricas da Ford chegava a cerca de US$ 600 mil. Nenhuma das quinhentas pessoas deu importância ao fato.

O hábito de gastar é altamente desenvolvido na maioria das pessoas, mas pouco sabemos sobre o importante hábito da economia. Frank Winfield Woolworth construiu o arranha-céu mais alto do mundo e acumulou fortuna de mais de US$ 100 milhões recolhendo as moedas de dez centavos que milhões de americanos jogavam fora em tralha de que não precisavam.

Gastar dinheiro é uma mania para a maioria das pessoas, e esse hábito as mantém trabalhando árdua e constantemente todos os dias de suas vidas.

Testes mostraram de forma conclusiva que a maioria dos empresários não colocará recursos ou mesmo cargos de responsabilidade nas mãos daqueles que não têm o hábito de poupar dinheiro. O hábito de economizar é o melhor tipo de recomendação para qualquer homem, não importa que posição possa ter ou queira vir a ter.

James J. Hill dizia que existe uma regra com a qual qualquer homem pode se testar e determinar de antemão se terá ou não sucesso na vida. A regra era: "Ele deve ter desenvolvido o hábito de guardar dinheiro sistematicamente".

COLOCAR IDEIAS EM PRÁTICA
É UM NEGÓCIO LUCRATIVO,
E POUCA DIFERENÇA FAZ
SE AS IDEIAS FORAM CRIADAS
POR VOCÊ OU POR OUTRA PESSOA

LIÇÃO 5

INICIATIVA E LIDERANÇA

As pessoas podem ser classificadas em duas categorias – líderes e seguidores. É raro seguidores alcançarem sucesso. E não o fazem sem se tornar líderes.

Existe uma noção de que um homem é pago por aquilo que sabe. Isso é verdade em parte e, como todas as outras meias verdades, causa mais danos do que uma mentira deslavada. A verdade é que um homem é pago não só por aquilo que sabe, mas mais especificamente por aquilo que faz com o que sabe ou aquilo que faz os outros fazerem.

Sem iniciativa ninguém alcançará o sucesso, não importa o que considere sucesso, porque não fará nada além do trabalho medíocre, como quase todos são obrigados a fazer a fim de ter um lugar para dormir, algo para comer e roupas para vestir. Essas três necessidades podem ser mais ou menos supridas sem iniciativa e liderança. Porém, quando decide adquirir mais do que o básico da vida, o indivíduo deve cultivar os hábitos da iniciativa e da liderança.

O primeiro passo no desenvolvimento da iniciativa e da liderança é habituar-se a tomar decisões rápidas e firmes. Pessoas bem-sucedidas têm certa quantidade de decisões a tomar. Quem oscila entre duas ou mais noções mal-acabadas e vagas do que quer fazer geralmente acaba não fazendo nada.

Não basta ter um objetivo principal e um plano definidos. É preciso tomar a iniciativa, colocar o plano em movimento e mantê-lo em operação até o objetivo ser alcançado.

"Ações, não palavras" deve ser o lema do homem que pretende ter sucesso na vida, não importa qual a vocação ou o objetivo principal definido. Nada é tão ruim ou terrível uma vez tomada a decisão de enfrentar as consequências.

Líderes bem-sucedidos tomam decisões rapidamente; contudo, há circunstâncias que exigem deliberação. Após recolher e organizar os fatos disponíveis, não há desculpa para adiar a decisão.

Júlio César havia muito queria vencer o exército de outro país, mas hesitava porque não tinha certeza da lealdade do próprio exército. Então formulou um plano para assegurar a lealdade. Carregou seus soldados em barcos até as margens do inimigo, desembarcou os homens e os equipamentos de guerra e em seguida deu ordens para que queimassem todos os barcos. Virando-se para os generais, disse: "Agora é vencer ou morrer! Não temos escolha. Contem aos seus homens e avisem que é a vida dos nossos inimigos ou a nossa". Foram para a batalha e venceram porque todos os soldados tomaram a decisão de vencer.

Durante a guerra civil norte-americana, o general Ulysses Grant disse: "Lutaremos ao longo dessas linhas por todo o verão se for preciso". Apesar de suas deficiências, Grant tomou a decisão e venceu.

Quando questionado por um de seus marinheiros sobre o que faria se não vissem sinais de terra no dia seguinte, Colombo respondeu: "Se não avistarmos terra amanhã, continuaremos navegando". Ele também tinha um objetivo e um plano definidos e havia tomado a decisão de não voltar atrás.

Muitos homens não conseguem fazer o seu melhor até estar de fato encurralados, sob o estresse da necessidade mais urgente. O perigo iminente permitirá a um homem desenvolver coragem sobre-humana e força física e mental muito desproporcional àquela normalmente utilizada.

Napoleão, surpreendido pelo inimigo e tendo descoberto que havia uma vala funda camuflada logo à frente da linha de marcha de seu exército, deu ordem para a cavalaria avançar. Esperou até os cadáveres de homens e cavalos encherem o fosso e em seguida marchou em frente com seus soldados e acabou com o inimigo. Isso exigiu decisão. Mais do que isso, exigiu uma decisão instantânea. Um minuto de hesitação e Napoleão teria sido rodeado pelo inimigo e capturado. Ele fez o inesperado, o "impossível", e se safou.

Quase todo vendedor conhece a desculpa esfarrapada "Vou pensar melhor", que significa "Não quero comprar, mas me falta coragem para chegar a uma decisão definitiva e dizer não francamente". O verdadeiro vendedor não aceita desculpas desse tipo, começa imediatamente a auxiliar o comprador potencial a "pensar melhor" e em pouco tempo o trabalho está concluído, e a venda, realizada.

EXISTE UMA FORMA GARANTIDA
DE EVITAR CRÍTICAS:
MATAR A AMBIÇÃO,
NÃO SER NADA,
NÃO FAZER NADA.
ESSA FÓRMULA É INFALÍVEL

LIÇÃO 6
IMAGINAÇÃO

Nenhum homem jamais conseguiu, criou ou construiu algo sem o uso da imaginação. Tudo o que qualquer homem criou ou construiu foi primeiro visualizado em sua mente por meio da imaginação.

Pode-se ter um objetivo principal definido, um plano para alcançá-lo, autoconfiança, iniciativa e liderança e o hábito da economia; contudo, se faltar imaginação, essas qualidades se tornarão inúteis.

No ateliê da imaginação, pode-se pegar ideias e conceitos conhecidos e combinar em arranjos diferentes para criar algo que pareça novo. Esse processo é o mais importante de todas as invenções.

Ideias são valiosas em qualquer negócio, e o homem que cultiva o poder da imaginação mais cedo ou mais tarde encontrará o caminho do sucesso financeiro.

Não existe nada de absolutamente novo. O que parece novo é apenas uma combinação de ideias ou elementos de algo antigo. Isso é verdade na criação de planos de negócios, invenções, produção de metais e em tudo o mais criado pelo homem.

Uma patente "básica", com princípios realmente novos e desconhecidos, raramente é registrada. A maioria das milhares de patentes concedidas a cada ano envolve apenas uma nova combinação ou arranjo de princípios antigos e bem conhecidos que já foram utilizados para outros fins.

Para cultivar a imaginação de modo que ela sugira ideias por iniciativa própria, mantenha um registro das ideias úteis, engenhosas e práticas que vê em uso fora da sua ocupação. Em seguida, desenvolva novos planos com essas ideias. Chegará o momento em que o poder da sua imaginação irá ao depósito de seu subconsciente e fará novas combinações, apresentando resultados na forma de ideias novas – ou que pareçam novas.

Vamos definir imaginação como "a oficina da mente onde todas as ideias, pensamentos, planos, fatos, princípios e teorias conhecidos pelo homem podem ser agrupados em combinações novas e variadas". Uma única combinação de ideias pode valer alguns centavos ou alguns milhões de dólares. A imaginação não tem preço ou valor, é a mais importante das faculdades da mente, pois a partir dela todos os motivos do homem recebem o impulso necessário para se transformar em ação.

O sonhador que não faz nada além de sonhar usa a imaginação, mas fica a dever na utilização eficiente dessa grande faculdade, já que não adiciona o impulso de colocar os pensamentos em ação.

O sonhador que cria ideias práticas deve respaldá-las com três princípios já mencionados, fazendo o seguinte:

- Adotar um objetivo definido e elaborar um plano definido para atingi-lo;
- Tomar a iniciativa e colocar o plano em ação;
- Respaldar sua iniciativa com a crença em si e na capacidade de completar o plano.

Não importa quem você seja, o que faça, qual a sua renda, quão pouco dinheiro tenha – se você tem uma mente sã e é capaz de usar a imaginação, pode gradualmente criar um espaço que lhe proporcionará respeito e os bens materiais de que precise. Não há truque. O procedimento é simples, você pode começar com uma ideia, plano ou propósito elementar e desenvolvê-lo em algo mais pretensioso.

Sua imaginação pode não estar suficientemente desenvolvida para permitir criar alguma invenção útil, mas comece a exercitá-la criando formas de melhorar o trabalho atual, seja qual for. Sua imaginação se fortalecerá à medida que você a exigir e direcionar seu uso.

Olhe ao redor e encontrará muitas oportunidades para exercitar a imaginação. Não espere que alguém mostre o que fazer. Não espere que alguém lhe pague para usar a imaginação.

EXISTE UMA IDEIA
DE QUE AS PESSOAS DEVEM
SER PAGAS PELO QUE SABEM.
NA REALIDADE O INDIVÍDUO
É PAGO PELO QUE FAZ COM O
QUE SABE OU QUE CONSEGUE
QUE OS OUTROS FAÇAM

LIÇÃO 7
ENTUSIASMO

Parece mais do que mera coincidência que as pessoas bem-sucedidas em todas as esferas da vida sejam do tipo entusiasta. Entusiasmo é uma força motriz que não só dá maior poder para quem o tem, mas também é contagiosa e afeta todos a quem atinge. O entusiasmo pelo trabalho em que se está envolvido alivia o peso da tarefa.

O ponto de partida do entusiasmo é o motivo ou desejo bem definido. Entusiasmo é uma frequência elevada de vibração da mente. O impulso sexual é o maior estimulante conhecido. As pessoas desprovidas de forte impulso sexual raramente – se é que alguma vez – são capazes de ficar altamente entusiasmadas com alguma coisa. A transmutação da grande força motriz do desejo sexual é a base de praticamente todas as obras geniais. Por "transmutação" entende-se a troca do pensamento do contato sexual por qualquer outra forma de ação física.

A importância do entusiasmo como um dos dezessete fundamentos da Lei do Sucesso é explicada no capítulo sobre MasterMind. O fenômeno sentido por aqueles que coordenam esforços em espírito de harmonia com a finalidade de aproveitar o MasterMind é meramente uma alta taxa de vibração de suas mentes conhecida como entusiasmo.

É bem sabido que os homens têm êxito mais rápido quando envolvidos na ocupação de que mais gostam. Isso acontece porque ficam entusiasmados.

O entusiasmo é também a base da imaginação criativa. Quando a mente vibra a uma taxa elevada, fica receptiva a taxas de vibração semelhantes oriundas de fontes externas, proporcionando assim condições favoráveis à imaginação criativa.

O entusiasmo desempenha um papel importante em quatro outros princípios da Lei do Sucesso: MasterMind, imaginação, pensamento preciso e personalidade agradável.

Para ter valor, o entusiasmo tem que ser controlado e dirigido para fins específicos. Entusiasmo não controlado pode ser, e geralmente é, destrutivo. O desperdício de energia em contato sexual promíscuo e desejo sexual reprimido seria suficiente para levar muitas pessoas a grandes realizações caso o impulso sexual fosse canalizado em alguma outra forma de ação.

SE VOCÊ QUER VENDER ALGO
PARA MIM, CRIE UM PLANO
PARA EU APROVEITAR
O QUE VOCÊ QUER VENDER.
ASSIM EU FICAREI MAIS ANSIOSO
PARA COMPRAR DO QUE VOCÊ
PARA VENDER

LIÇÃO 8

AUTOCONTROLE

A falta de autocontrole é causadora de tristeza em mais pessoas do que qualquer outra deficiência conhecida pela raça humana. Esse mal manifesta-se em um momento ou outro na vida de todos nós.

Toda pessoa de sucesso deve ter algum tipo de instrumento de equilíbrio das emoções. O homem que carece de autocontrole pode ser facilmente dominado por aquele que se controla e levado a dizer ou fazer o que mais tarde pode lhe causar embaraço.

O sucesso na vida é em grande parte uma questão de negociação harmoniosa com outras pessoas, e isso requer uma dose enorme de autocontrole.

O autor da filosofia da Lei do Sucesso avistou certa vez uma longa fila de mulheres raivosas na frente do balcão de reclamações de uma grande loja de departamentos em Chicago. Observando à distância, viu que a jovem que ouvia as queixas mantinha-se calma e sorria o tempo todo, não obstante algumas mulheres serem bastante agressivas. A jovem encaminhava as mulheres para o departamento certo uma a uma com tamanha compostura que fez o autor chegar mais perto para poder ver o que estava acontecendo.

Parada logo atrás da jovem do balcão de reclamações havia outra moça que também ouvia as conversas, fazia anotações e as passava à atendente no balcão. Os bilhetes continham a essência de cada queixa, menos a acidez e a agressividade da pessoa que fazia a reclamação. A mulher no balcão era surda como uma porta. Recebia todas as informações de que precisava da assistente atrás dela.

O gerente da loja disse que aquele era o único sistema que havia encontrado para lidar com as reclamações, já que os nervos humanos não são fortes o suficiente para uma atendente ouvir aquele linguajar agressivo o dia inteiro, todos os dias, sem acabar se irritando, perdendo o controle e revidando.

Autocontrole também é um instrumento de equilíbrio para a pessoa excessivamente otimista. O entusiasmo também precisa ser controlado, pois é possível ficar entusiasmado demais, a ponto de aborrecer todos ao seu redor.

Nenhum homem pode tornar-se poderoso sem antes adquirir o controle sobre si mesmo.

EDUCAÇÃO CONSISTE EM FAZER – NÃO APENAS SABER

LIÇÃO 9

FAZER MAIS DO QUE É PAGO PARA FAZER

Essa lei é uma rocha contra a qual muitas carreiras promissoras se despedaçaram. Há uma atitude generalizada de executar apenas o suficiente para sobreviver; se você observar as pessoas que fazem isso, observará que, embora possa estar temporariamente "sobrevivendo", não recebem nada mais.

Há duas razões pelas quais as pessoas bem-sucedidas fazem mais do que são pagas para fazer:

- A mente se fortalece na proporção da utilização. Ao prestar a maior quantidade possível de serviço, as faculdades exigidas para a tarefa são colocadas em uso e tornam-se mais fortes e precisas.

- Você atrai atenção favorável; não demorará a receber ofertas excepcionais por seus serviços e haverá mercado contínuo para eles.

"Faça o trabalho e você terá o poder", foi o aviso de Emerson, o grande filósofo moderno. Isso é verdade. A prática leva à perfeição.

Ao entregar mais e melhor serviço do que aquele para o qual é pago, você tira proveito da lei dos retornos crescentes, segundo a qual acabará sendo pago de alguma forma por muito mais serviço do que aquele que de fato presta. Só não imagine que a lei sempre funcione instantaneamente.

Não adianta prestar mais e melhor serviço do que o esperado por uns dias e depois voltar ao velho hábito de fazer o mínimo para ir levando; os resultados não vão beneficiá-lo. Adote o hábito como parte de sua filosofia de vida e deixe que todos saibam que você presta mais e melhor serviço por escolha própria, não por acaso, mas por intenção deliberada, e em breve verá uma disputa acirrada por seu trabalho. Você não vai encontrar muita gente prestando esse tipo de serviço, o que vai destacá-lo em forte contraste com outros envolvidos em trabalho semelhante ao seu.

O estudo cuidadoso da vida de homens bem-sucedidos mostrou que praticar fielmente essa única regra trouxe em quantidades abundantes os emolumentos usuais com que o sucesso é mensurado. Se o autor dessa filosofia tivesse que escolher uma das dezessete Leis do Sucesso como a mais importante e descartar todas as outras, escolheria sem um momento de hesitação prestar mais e melhor serviço do que se é pago para fazer.

A ADVERSIDADE
É PARA O HOMEM
O QUE O FORNO
É PARA O TIJOLO:
TEMPERA O INDIVÍDUO
PARA QUE POSSA SUPERAR
OBSTÁCULOS SEM DESMORONAR

LIÇÃO 10

PERSONALIDADE AGRADÁVEL

Personalidade é a soma das boas e más qualidades. Personalidade agradável é aquela que não antagoniza. É possível cultivar uma personalidade agradável, mas isso requer autocontrole, pois haverá muitos incidentes e muita gente para testar sua paciência e destruir suas boas intenções de ser agradável.

A pessoa agradável geralmente tem uma apresentação agradável em termos de semblante, postura, aperto de mãos e até na maneira de se vestir. Fala de maneira suave e gentil, seleciona palavras que não ofendem e tem um tom de voz modesto; é altruísta e deseja servir aos outros; é amiga de todos, ricos e pobres, independentemente de política, religião e ocupação; abstém-se de falar mal dos outros, com ou sem motivo; conversa sem entrar em assuntos vulgares ou discussões inúteis como política ou religião; vê tanto o bom quanto o mau nas pessoas, mas dá um desconto para o último; evita corrigir e repreender.

A pessoa agradável sorri com frequência e de forma sincera; ama música e criancinhas; se solidariza com todos os que estão em apuros e perdoa atos de indelicadeza; de boa vontade concede aos outros o direito de fazer o que quiserem, desde que não interfiram nos direitos de terceiros. A pessoa agradável se esforça sinceramente para ser construtiva em cada pensamento e ação; incentiva os outros e os estimula para um melhor desempenho na linha de trabalho escolhida.

A personalidade agradável manifesta-se nos seguintes elementos:

- Modo de apertar as mãos;
- Vestuário e postura do corpo;
- Voz – tom, volume e qualidade;
- Diplomacia;
- Sinceridade de propósito;
- Escolha de palavras adequadas;
- Elegância;
- Altruísmo;
- Expressão facial;
- Pensamentos dominantes, que são transmitidos para a mente de outras pessoas;
- Entusiasmo;
- Honestidade intelectual, moral e econômica;
- Magnetismo pessoal devido ao impulso sexual bem definido.

IDEIAS SÃO O PRODUTO
MAIS VALIOSO DA MENTE.
SE VOCÊ CRIA IDEIAS ÚTEIS
E AS COLOCA EM PRÁTICA,
PODE OBTER O QUE QUISER
COMO PAGAMENTO

LIÇÃO II

PENSAMENTO PRECISO

- O pensamento preciso exige a separação dos fatos da mera informação.
- Os fatos devem ser separados em duas classes, importantes e irrelevantes.

O que é um fato importante? Aquele que é essencial à realização do objetivo principal definido ou que possa ser útil na ocupação diária. Todos os outros fatos são relativamente desimportantes.

Nenhum homem tem direito a opinião sobre qualquer assunto a menos que tenha chegado a esse parecer mediante raciocínio baseado em todos os fatos disponíveis relacionados ao tema. Apesar disso, quase todo mundo tem opinião formada sobre quase tudo, estejam familiarizados ou não com os fatos relacionados a tais assuntos. Julgamentos e opiniões precipitadas são meras conjecturas ou palpites e não têm valor.

Quando alguém começar um discurso com generalidades do tipo "ouvi dizer" ou "li no jornal", pode ter certeza de que não é um pensador preciso; aceite tudo o que essa pessoa disser com muita cautela. Tenha cuidado para você não se entregar à linguagem especulativa baseada em fatos não comprovados.

Conhecer os fatos exige esforço, e talvez seja essa a principal razão pela qual pouca gente se dê ao trabalho de reunir dados para embasar suas opiniões.

Presume-se que você esteja seguindo essa filosofia com o objetivo de aprender como se tornar mais bem-sucedido. Se isso é verdade, você deve romper com as práticas comuns das massas que não pensam e deve dedicar tempo a reunir fatos para embasar seus pensamentos. Que isso requer esforço é amplamente sabido, mas deve-se ter em mente que sucesso não é algo que se possa colher em uma árvore onde ele cresce por conta própria. Sucesso representa perseverança, sacrifício pessoal, determinação e caráter forte.

Tudo tem seu preço, e nada pode ser obtido sem o devido pagamento, ou, se obtido, não poderá ser mantido por muito tempo. O preço do pensamento preciso é o esforço necessário para reunir e organizar os fatos sobre os quais embasar o pensamento.

O TEMPO CURA AS FERIDAS
DO FRACASSO E DA DECEPÇÃO,
EQUILIBRA ERROS E ACERTOS.
NADA É IMPOSSÍVEL
COM O TEMPO

LIÇÃO 12

CONCENTRAÇÃO

O pau para toda obra raramente realiza muito em qualquer trabalho. O poder é baseado no esforço ou energia organizados. A energia não pode ser organizada sem o hábito da concentração de todas as faculdades em uma coisa de cada vez.

Todos os homens notáveis de sucesso concentraram a maior parte de seus pensamentos e esforços em algum propósito, meta ou objetivo definido. Tudo o que o homem pode imaginar ele pode criar, desde que se concentre e tenha determinação.

Grande e poderosa é a mente humana quando funciona com a ajuda do pensamento concentrado.

- Frank Winfield Woolworth concentrou-se na ideia das lojas de cinco e dez centavos, e o resultado fez dele um multimilionário.
- Henry Ford concentrou-se na criação de um automóvel barato e prático, e essa ideia fez dele o homem mais rico e poderoso da Terra.
- William Wrigley Jr. concentrou-se na produção e venda de goma de mascar e foi recompensado com milhões de dólares pela perseverança.
- Thomas Edison concentrou-se na invenção do fonógrafo, da lâmpada e em dezenas de outras coisas; todas se tornaram realidade e fizeram dele um homem rico.
- Henry Bessemer concentrou-se na busca da melhor forma de produzir aço; o famoso processo Bessemer atesta o sucesso de seus esforços.
- Andrew Carnegie vislumbrou uma grande indústria de aço, concentrou a mente no objetivo e fez centenas de milhões de dólares.

- John D. Rockefeller concentrou-se no refino e distribuição de petróleo, e seus esforços trouxeram-lhe uma fortuna de milhões de dólares.
- George Eastman concentrou-se no desenvolvimento da melhor câmera fotográfica, e ficou multimilionário com a Kodak.
- William Randolph Hearst concentrou-se em jornais e fez milhões com sua ideia.
- Helen Keller nasceu surda, muda e cega, mas com concentração aprendeu a "ouvir" e falar.

Poder é desenvolvido por meio da concentração de energia. Descubra o que deseja fazer, adote um objetivo principal definido e concentre todas as energias nesse propósito até o atingir.

PESSOAS DE SUCESSO SABEM
DISTINGUIR FRACASSO
DE DERROTA TEMPORÁRIA

LIÇÃO 13

COOPERAÇÃO

Vivemos em uma era de cooperação. As realizações de destaque em todos os campos dos negócios são baseadas no princípio do esforço cooperativo.

Grande sucesso em qualquer empreendimento requer espírito de cooperação. A equipe de futebol vencedora é a mais bem treinada na arte da cooperação.

Observe que algumas leis anteriores devem ser praticadas como hábito antes que se obtenha a cooperação de outros. Por exemplo, ninguém vai querer cooperar com uma pessoa que tenha uma personalidade agressiva, ou com alguém desprovido de entusiasmo ou de autocontrole.

A associação amigável inspira uma energia que não é experimentada de outra forma. O homem que consegue subordinar a própria personalidade, subjugar seus interesses e coordenar esforços com outros por uma causa comum percorreu quase toda a distância em direção ao sucesso.

Se o autor tem uma habilidade incomum em obter a cooperação de outros, é pelas seguintes razões:

- Entrego mais serviço do que peço que me paguem para prestar.
- Não me envolvo em transações que não beneficiem a todos por elas afetados.
- Não faço declarações que não acredito serem verdadeiras.
- Tenho em meu coração o desejo de prestar serviço útil para o maior número de pessoas possíveis.
- Gosto de pessoas mais do que de dinheiro.
- Estou fazendo o meu melhor para viver.
- Não aceito favores sem retribuir com favores.

- Não peço nada a ninguém sem ter o direito de fazê-lo.
- Não entro em discussões sobre assuntos triviais.
- Espalho o sol do otimismo e do bom humor onde quer que possa.
- Nunca bajulo as pessoas com o objetivo de ganhar sua confiança.
- Vendo conselhos a um preço modesto, mas nunca ofereço aconselhamento gratuito.
- Enquanto ensinava outras pessoas a alcançar o sucesso, demonstrei que posso fazer minha filosofia funcionar para mim mesmo, assim praticando o que prego.
- Estou tão engajado no trabalho em que estou envolvido que meu entusiasmo se torna contagioso e influencia outras pessoas.

SUCESSO É EM GRANDE PARTE UMA QUESTÃO DE NEGOCIAÇÃO HARMONIOSA COM OS OUTROS. ISSO REQUER AUTOCONTROLE

LIÇÃO 14

BENEFICIAR-SE DO FRACASSO

O filósofo Creso, conselheiro do rei Ciro, disse: "Existe uma roda na qual os assuntos dos homens giram, e seu mecanismo é tal que impede qualquer homem de ser sempre afortunado". O fracasso traz lições necessárias que devem ser aprendidas antes que se comece a prosperar. É uma bênção disfarçada.

O erro é aceitar o fracasso como final, quando é apenas transitório. As pessoas de sucesso sabem distinguir fracasso de derrota temporária. Todos nós experimentamos alguma forma de derrota temporária.

A derrota temporária ou o fracasso são sinais de que estamos indo na direção errada. Se tivermos inteligência razoável, devemos ouvir esses sinais e tomar um rumo diferente para chegar ao objetivo.

Em sua enorme pesquisa de mais de um quarto de século, o autor dessa filosofia descobriu que as pessoas de sucesso notável, independentemente da área de atuação, enfrentaram oposição, adversidade e derrotas temporárias. Não foi encontrado um único indivíduo bem-sucedido que não tenha tido de superar obstáculos aparentemente insuperáveis.

O sucesso sempre é medido pelo grau em que o indivíduo encara os obstáculos de frente. Vamos relembrar alguns dos grandes sucessos do mundo que encontraram a derrota temporária:

- Thomas Edison fracassou centenas de vezes antes de criar a lâmpada elétrica incandescente.
- Woolworth não teve sucesso no primeiro projeto de lojas de cinco e dez centavos.

- Robert Fulton tinha de se esgueirar à noite para realizar seus experimentos com barco a vapor em segredo.
- Henry Ford quase morreu de fome antes de completar seu primeiro automóvel. Seus problemas não acabaram ali; ele passou anos aperfeiçoando o famoso Modelo T, que fez sua fama e fortuna.

Não tenha medo da derrota temporária. O que chamamos de experiência consiste no que aprendemos com os erros nossos e os dos outros.

PODE NÃO SER SEU DEVER
SER TOLERANTE COM PESSOAS
CUJAS OPINIÕES SÃO DIFERENTES
DAS SUAS, MAS É SEU PRIVILÉGIO

LIÇÃO 15
TOLERÂNCIA

A intolerância já causou mais sofrimento do que qualquer outra forma de ignorância. As guerras surgem da intolerância. Desavenças entre "capital" e "mão de obra" costumam ser frutos da intolerância.

A intolerância fecha as portas para a oportunidade de mil maneiras e apaga a luz da inteligência. É impossível ter pensamento preciso sem o hábito da tolerância. Intolerância é o resultado da ignorância ou da falta de conhecimento. Homens bem informados raramente são intolerantes porque sabem que ninguém sabe o suficiente para julgar os outros por seus padrões.

A forma mais prejudicial de intolerância surge das diferenças de opinião religiosa e racial. A civilização como a conhecemos hoje carrega as feridas profundas da intolerância bruta desde o início dos tempos, principalmente as de natureza religiosa.

Formamos nossas ideias sobre religião a partir do nosso ambiente e dos primeiros ensinamentos religiosos. Nossos professores podem não estar sempre certos; se mantivéssemos esse pensamento em mente, não permitiríamos que tais ensinamentos nos influenciassem a acreditar que somos detentores da verdade e que pessoas cujos ensinamentos foram diferentes estão todas erradas.

Este é o país mais democrático do mundo. Somos o povo mais cosmopolita do planeta. Somos compostos por pessoas de todas as nacionalidades e crenças religiosas. Vivemos lado a lado com vizinhos cuja religião difere da nossa. Se somos bons ou maus vizinhos depende muito do quanto somos tolerantes.

Há razões pelas quais se deve ser tolerante, sendo a principal delas que a tolerância permite ao raciocínio guiá-lo na direção dos fatos que levam ao pensamento preciso. O homem cuja mente foi fechada pela intolerância jamais pode tornar-se um pensador preciso.

Pode não ser o seu dever ser tolerante com outras pessoas cujas ideias, opiniões religiosas, políticas e tendências raciais são diferentes das suas, mas é seu privilégio. Você não tem que pedir permissão de ninguém para ser tolerante, é algo que você controla em sua mente; a responsabilidade que vem com a escolha também é sua.

O HOMEM QUE SEMEIA
UM SÓ PENSAMENTO POSITIVO
NA MENTE DE OUTRO
PRESTA AO MUNDO UM SERVIÇO
MAIOR DO QUE O PRESTADO
POR TODOS QUE SÓ CRITICAM

LIÇÃO 16

REGRA DE OURO

Esta é, sob alguns aspectos, a mais importante das dezessete Leis do Sucesso. A Regra de Ouro é baseada em uma lei poderosa que, compreendida e praticada, permite obter-se a cooperação de outros.

Essa lei fundamental é muito óbvia e simples. Se quer o favor de alguém, empenhe-se em prestar a essa pessoa um favor equivalente. Se ela não retribuir, preste outro favor e outro, até que ela – quanto mais não seja por vergonha – retribua.

Você faz os outros cooperarem com você cooperando com eles primeiro. Essa frase contém a essência de um dos fatores mais importantes para o sucesso.

Pode acontecer de a pessoa a quem você presta serviço útil nunca retribuir com serviço semelhante; mantenha em mente a grande verdade de que, quando uma pessoa não retribui, alguém observará a transação e, pelo desejo de ver a justiça feita ou quem sabe com alguma motivação mais egoísta, prestará o serviço a que você tem direito.

"Aquilo que um homem semear, ele colherá." Isso é mais do que mera pregação, é uma verdade prática que pode ser o alicerce de toda realização. Por vias retas ou sinuosas, cada pensamento que você emitir, cada ação que executar reunirá um grupo de pensamentos e ações da mesma natureza e voltará para você no devido tempo. Não há como escapar. Ignorar essa verdade é rotular-se ignorante ou indiferente, o que destruirá suas chances de sucesso.

Existem exceções, mas em geral semelhante atrai semelhante. Homens bem-sucedidos atraem homens bem-sucedidos. Fracassados atraem fracassados.

O ato de prestar mais serviço do que você é pago para fazer coloca em operação a lei de que "semelhante atrai semelhante". O homem que oferece mais serviço do que é pago para fornecer será avidamente procurado por aqueles que estarão dispostos a pagar por mais do que ele realmente faz.

A Regra de Ouro é a base sobre a qual as crianças deveriam ser criadas. Também é a base sólida pela qual as "crianças crescidas" deveriam se conduzir. A riqueza criada ou adquirida com a Regra de Ouro não traz consigo arrependimentos, não perturba a consciência nem destrói a paz mental.

Feliz é o homem que faz da Regra de Ouro o seu lema profissional.

SE FOR INSULTAR ALGUÉM,
NÃO FALE. ESCREVA.
MAS ESCREVA NA AREIA,
À BEIRA D'ÁGUA

LIÇÃO 17

HÁBITO DA SAÚDE

Ninguém pode ficar intensamente ativo por muito tempo sem uma boa saúde. A mente não funcionará corretamente a menos que o corpo seja sadio.

Praticamente todos os outros dezesseis princípios da filosofia da Lei do Sucesso dependem de um corpo saudável. A boa saúde depende em grande parte do seguinte:

- Combinação adequada de alimentos e ar;
- Eliminação adequada de resíduos fecais;
- Exercício apropriado;
- Pensamento correto.

Não é o propósito deste capítulo apresentar um tratado sobre como se manter saudável, já que essa tarefa pertence aos especialistas em terapias físicas e mentais. No entanto, não faz mal chamar a atenção para o fato de que a saúde ruim costuma ser causada pela má eliminação de resíduos.

Pessoas que vivem nas cidades e consomem alimentos industrializados vão verificar ser necessário ajudar a natureza constantemente nos processos de eliminação, lavando o trato intestinal com água a intervalos regulares de não mais de uma semana. Praticamente todas as dores de cabeça, a lentidão, a falta de ânimo e sintomas semelhantes são devido à autointoxicação ou envenenamento intestinal pela eliminação inadequada.

O autor decidiu inserir aqui uma breve declaração sobre o valor terapêutico da energia sexual.

A emoção sexual é a emoção humana mais poderosa e a forma mais poderosa de pensamento positivo. A energia sexual é o mais poderoso estimulante mental e vitaliza cada célula do corpo. A abstinência sexual total não está nos planos da natureza, e aqueles que não compreendem essa verdade costumam pagar por sua ignorância sacando do fundo provido pela natureza para a manutenção da saúde.

Mantenha a mente aberta sobre o sexo. Ninguém tem a última palavra sobre o assunto; a maioria de nós nem sequer conhece a primeira palavra. Não obstante o que a maioria de nós sabe, tanto a pobreza quanto os problemas de saúde podem ser dominados por meio de uma compreensão completa da energia sexual.

VOCÊ É O MESTRE

DO SEU DESTINO.

VOCÊ É O CAPITÃO

DA SUA ALMA

AS 30 CAUSAS MAIS COMUNS DO FRACASSO

Nas páginas anteriores você teve uma breve descrição dos dezessete fatores do sucesso. Agora vamos voltar a atenção para os fatores mais comuns do fracasso:

- Base hereditária desfavorável (deficiências congênitas são algo contra o que há pouco a fazer);
- Falta de objetivo principal definido;
- Falta de ambição;
- Educação insuficiente;
- Falta de autodisciplina e tato;
- Problemas de saúde;

- Infância desfavorável, resultando em maus hábitos de corpo e mente;
- Procrastinação;
- Falta de persistência e de coragem para culpar a si mesmo pelos próprios fracassos;
- Personalidade negativa;
- Falta de impulso sexual bem definido;
- Desejo de ter algo a troco de nada;
- Falta de decisão;
- Um ou mais dos seis medos básicos;
- Má seleção do par no casamento;
- Prudência excessiva;
- Má seleção de associados nos negócios;
- Superstição e preconceito;
- Escolha errada da ocupação;
- Dissipação da energia, atuando como "pau para toda obra";
- Intolerância;
- Falta de parcimônia;

- Falta de entusiasmo;
- Intemperança no comer, no beber e no sexo;
- Incapacidade de cooperar com os outros em espírito de harmonia;
- Poder não adquirido por esforço próprio, como no caso de herdeiros;
- Desonestidade;
- Egotismo e vaidade;
- Adivinhar em vez de pensar;
- Falta de capital.

Aqueles inclinados a atribuir os seus fracassos às circunstâncias ou à má sorte devem se lembrar da contundente frase de Napoleão: "Para o inferno com as circunstâncias! Eu crio circunstâncias".

A maioria das circunstâncias e resultados desfavoráveis da sorte somos nós quem criamos. Responsabilizar as estrelas por nossos infortúnios é apenas uma outra maneira de reconhecer nossa ignorância ou nossa preguiça.

O único lugar em que as estrelas podem trazer má sorte é na sua mente. Você é dono de sua mente, e ela tem o poder de dominar todas as más influências, incluindo as das estrelas.

Se você deseja ver a causa de sua má sorte e infortúnios, não olhe para as estrelas, olhe-se no espelho. Você é o mestre do seu destino. Você é o capitão da sua alma. Você tem uma mente que só você pode controlar. E essa mente pode ser estimulada a entrar em contato direto com todo o poder de que você precisa para resolver qualquer problema ou obstáculo que possa confrontá-lo.

Todo homem está onde está como resultado de seus pensamentos dominantes. A diferença entre sucesso e fracasso é em larga medida a diferença entre pensamento positivo e negativo.

Semelhante atrai semelhante. Nada atrai sucesso tão rapidamente quanto o sucesso. Pobreza gera mais pobreza. Torne-se um sucesso, e o mundo inteiro colocará tesouros a seus pés e fará alguma coisa para ajudá-lo a ter mais sucesso. Mostre sinais de pobreza, e o mundo inteiro tentará tirar o que você tiver de valor. Você pode pedir dinheiro emprestado ao banco quando é próspero e não precisa dele, mas tente arranjar um empréstimo quando é pobre ou quando uma grande emergência o atingir.

Você é o mestre do seu destino porque controla a única coisa que pode mudar e redirecionar o curso do destino humano, o poder do pensamento. Deixe essa grande verdade impregnar sua consciência, e este livro terá marcado o ponto de virada mais importante da sua vida.

CONHEÇA NOSSOS TÍTULOS EM PARCERIA CCM A FUNDAÇÃO NAPOLEON HILL

MAIS ESPERTO QUE O DIABO
Napoleon Hill

Fascinante, provocativo e encorajador, *Mais esperto que o Diabo* mostra como criar a senda para o sucesso, a harmonia e a realização em meio a incertezas e medos.

ATITUDE MENTAL POSITIVA
Napoleon Hill

Sua mente é um talismã com as letras AMP de um lado e AMN do outro. AMP, a atitude mental positiva, atrairá sucesso e prosperidade. AMN, a atitude mental negativa, vai privá-lo de tudo que torna a vida digna de ser vivida. Seu sucesso, saúde, felicidade e riqueza dependem do lado do talismã que você usar.

QUEM PENSA ENRIQUECE — O LEGADO
Napoleon Hill

O clássico *best-seller* sobre o sucesso agora anotado e acrescido de exemplos modernos, comprovando que a filosofia da realização pessoal de Napoleon Hill permanece atual e ainda orienta aqueles que são bem-sucedidos. Um livro que vai mudar não só o que você pensa, mas também o modo como você pensa.

A ESCADA PARA O TRIUNFO
Napoleon Hill

Um excelente resumo dos dezessete pilares da Lei do Triunfo, elaborada pelo pioneiro da literatura de desenvolvimento pessoal. É um fertilizador de mentes, que fará com que a sua mente funcione como um ímã para ideias brilhantes.

A CIÊNCIA DO SUCESSO
Napoleon Hill

Uma série de artigos do homem que mais influenciou líderes e empreendedores no mundo. Ensinamentos sobre a natureza da prosperidade e como alcançá-la, no estilo envolvente do consagrado escritor motivacional.

MAIS QUE UM MILIONÁRIO
Don M. Green

Don M. Green, diretor executivo da Fundação Napoleon Hill, apresenta de forma simples e didática todos os ensinamentos da Lei do Sucesso que aplicou em sua vida.

O PODER DO MASTERMIND
Mitch Horowitz

Com este manual você vai aprender a construir o MasterMind, a mente mestra, um inconsciente coletivo de abundância. Precioso para iniciantes e, se você já tem algum grau de experiência com o MasterMind, uma excelente leitura de apoio e renovação, com técnicas que poderão ser testadas no seu grupo.

O MANUSCRITO ORIGINAL
Napoleon Hill

A obra-prima de Napoleon Hill, na qual ele apresenta em detalhes a Lei do Sucesso. Neste marco da literatura motivacional, Hill explica didaticamente como escolher o objetivo principal de vida e pensar e agir focado na realização de metas.

PENSE E ENRIQUEÇA PARA MULHERES
Sharon Lechter

A autora apresenta os ensinamentos de Napoleon Hill com relatos inspiradores de mulheres bem-sucedidas e suas iniciativas para superar obstáculos, agarrar oportunidades, definir e atingir metas, concretizar sonhos e preencher a vida com sucesso profissional e pessoal.

PENSO E ACONTECE

Greg S. Reid e Bob Proctor

Proctor e Reid exploram a importância vital da forma de pensar para uma vida de significado e sucesso. A partir de entrevistas com neurocientistas, cardiologistas, professores espirituais e líderes empresariais, explicam como pensar melhor para viver melhor.

QUEM CONVENCE ENRIQUECE

Napoleon Hill

Saiba como utilizar o poder da persuasão na busca da felicidade e da riqueza. Aprenda mais de 700 condicionadores mentais que vão estimular seus pensamentos criativos e colocá-lo na estrada da riqueza e da felicidade – nos negócios, no amor e em tudo que você faz.

COMO AUMENTAR O SEU PRÓPRIO SALÁRIO

Napoleon Hill

Registro de uma série de conversas entre Napoleon Hill e seu mentor, o magnata do aço Andrew Carnegie, um dos homens mais ricos da história. Em formato pergunta–resposta, apresenta em detalhes os princípios que Carnegie utilizou para construir seu império.

VOCÊ PODE REALIZAR SEUS PRÓPRIOS MILAGRES

Napoleon Hill

O autor revela o sistema de condicionamento mental que auxilia no domínio de circunstâncias indesejáveis, como dor física, tristeza, medo e desespero. Esse sistema também prepara o indivíduo para adquirir todas as coisas de que necessite ou deseje, tais como paz mental, autoentendimento, prosperidade financeira e harmonia em todas as relações.

THINK AND GROW RICH

Napoleon Hill

Um dos livros mais influentes da história, apresenta a fórmula para acumular fortuna e comprova que a receita do sucesso é atemporal. Uma produção brasileira para amantes da literatura norte-americana e para quem deseja aperfeiçoar seu inglês com conteúdo enriquecedor.